I0201956

פרמאהנסה יוגאננדה
(1893 – 1952)

פרמאהנסה יוגאננדה

חוק ההצלחה

שימוש בכוח הרוח
להשגת בריאות,
שגשוג ואושר.

Self-Realization Fellowship
FOUNDED 1920 BY PARAMAHANSA YOGANANDA

אודות הספר: חוק ההצלחה יצא לאור לראשונה כספרון בשנת 1944 על ידי Self-Realization Fellowship ומאז הודפס באופן רציף. הוא תורגם לשפות רבות.

הספר ראה אור באנגלית בהוצאה
Self-Realization Fellowship, לוס אנג׳לס, קליפורניה
The Law of Success

ISBN: 978-0-87612-150-4

תורגם לעברית על ידי Self-Realization Fellowship

Self-Realization Fellowship 3880 San Rafael Avenue,

באישור מחלקת ההוצאה לאור הבינלאומית של
Self-Realization Fellowship

שם וסמל Self-Realization Fellowship לעיל מופיעים בכל הספרים, הקלטות ושאר פרסומים של SRF, ומהווים אישור לכך שהיצירה מקורה באגודה שהקים פרמאהנסה יוגאננדה הממשיכה בלימוד תורתו בנאמנות.

הוצאה ראשונה בעברית, 2025
First edition in Hebrew, 2025
מהדורה זו 2025
This printing, 2025

ISBN: 978-1-68568-250-7

1336-J8270

אין חכם ממחפש האלוהים.
אין מוצלח ממוצא האלוהים.
פרמאהנסה יוגאננדה

החדש האצילי

———

שיר שירים שאף אחד עוד לא שר,
חשוב מחשבות שבאף מוח עוד לא נוגנו,
צעד בשבילים שאף אחד עוד לא פסע בהם,
הזל דמעות לאלוהים כפי שאף אחד עוד לא הזיל,
הענק שלווה לכל אלו שאף אחד עוד לא נתן להם,
דרוש אותו כשלך, הוא אשר מוכחש
בכל מקום.
אהוב את כולם באהבה שלא חשו מעולם,
ועמוד באומץ
בפני מאבק החיים עם עוצמה
בלתי-מרוסנת.

זכותי האלוהית המולדת

האל ברא אותי בצלמו. ראשית, אחפש אותו ואתוודע לקשר המוחשי שלי אתו; לאחר מכן, אם יהיה זה רצונו, כל הדברים - חוכמה, שפע, בריאות - יתווספו אלי כחלק מזכותי האלוהית המולדת.

אני רוצה הצלחה ללא מידתיות, לא ממקורות ארציים, אלא מידיי האלוהים השולטות בכל, הכל-יכולות והשופעות מכל-טוב.

חוק ההצלחה

האם קיים כוח היכול לגלות עורקים נסתרים של עושר ולחשוף אוצרות שמעולם לא חלמנו עליהם? האם קיים כוח שאנו יכולים לזמן לקבלת בריאות, אושר והתעלות רוחנית? הקדושים והחכמים של הודו מלמדים שכוח כזה ישנו. הם הדגימו את יעילות עקרונות האמת, שיפעלו גם למענך, אם תיתן להם הזדמנות הוגנת.

הצלחתך בחיים אינה תלויה בכללותה ביכולות ובהכשרה; היא תלויה גם בנחישות שלך לנצל הזדמנויות הנקרות בדרכך.

הזדמנויות בחיים נקרות כתוצאה מבריאה ולא באקראי. אתה עצמך, בהווה או בעבר (כולל העבר של חיים קודמים), יצרת את כל ההזדמנויות הנקרות בדרכך. מכיוון שהרווחת אותן, נצל אותן הייטב.

אם תשתמש בכל האמצעים החיצוניים העומדים לרשותך, בנוסף ליכולות המולדות שלך, למטרת הסרת כל מכשול שעולה בדרכך, תפתח את הכוחות שאלוהים העניק לך - כוחות אינסופיים הזורמים מהעוצמות הפנימיות ביותר במהותך. אתה מחזיק בכוח המחשבה ובכוח הרצון. הפק ממתנות אלוהיות אלו את מירב התועלת!

כוח המחשבה

אתה מפגין הצלחה או כישלון לפי רצף המחשבות המגמתי

הקבוע שלך. בתוכך מה חזק יותר - מחשבות הצלחה או מחשבות כשלון? אם מוחך עסוק באופן קבע במחשבות שליליות, מחשבה חיובית מקרית אחת לא תצליח להביא להצלחה. אך אם תחשוב נכון, תגיע למטרתך למרות שנראה שאתה עטוף בחשכה.

רק אתה אחראי לעצמך. אף אחד אחר לא ייתן מענה על מעשיך כשיגיע חשבון הנפש הסופי. עבודתך בעולם - המקום בו הקארמה שלך, מעשי העבר שלך, מיקמה אותך - יכולה להתבצע אך ורק על ידי אדם אחד - אתה. ניתן לומר על עבודתך שהיא "הצלחה", רק כאשר היא משרתת בדרך כלשהי את רעך.

אל תסקור מנטלית שוב ושוב את אותה בעיה. תניח לה לעיתים ואולי היא תפטר מעצמה; אך ודא שאתה אינך נח לזמן כה ממושך שכוח ההבחנה שלך נעלם. במקום, השתמש בתקופות המנוחה האלו לחדור עמוק לתוך האזורים השלווים בתוך הפנימיות שלך. מכוונן עם נשמתך, תוכל לחשוב בצורה נכונה על כל דבר שתבחר לעשות; ואם מחשבותיך או מעשיך יסטו מדרך הישר, תוכל לכוון אותם חזרה. כוח הכיוונון האלוהי הזה ניתן להשגה על ידי תרגול ומאמץ.

כוח הרצון הוא הדינמו

יחד עם חשיבה חיובית, עליך להשתמש בכוח הרצון ובעשייה מתמשכת על מנת להצליח. כל התגלמות חיצונית היא תוצר של הרצון, אבל לרוב הכוח הזה לא מופעל במודע. יש רצון מכני ורצון מודע. הדינמו של מכלול הכוחות שלך הוא הרצון. ללא רצון אינך

יכול ללכת, לדבר, לעבוד, לחשוב או להרגיש. לכן, כוח הרצון הוא המעיין שממנו נובעים כל מעשיך. (כדי לא להשתמש באנרגיה זו, תהיה חייב להיות בחוסר מעש מוחלט פיזית ומנטלית. גם כאשר אתה מזיז את ידך אתה משתמש בכוח הרצון. לא ניתן לחיות ללא שימוש בכוח זה.)

רצון מכני הוא שימוש ללא מחשבה בכוח הרצון. רצון מודע הוא כוח חיוני מלווה בנחישות ומאמץ, דינמו שכדאי לכוונו בחוכמה. כאשר אתה מאמן את עצמך להשתמש בכוח מודע ולא מכני עליך גם לוודא שכוח הרצון משומש למטרות בונות ולא למטרות מזיקות או לרכישות חסרות תועלת.

כדי ליצור כוח רצון דינמי, החלט לעשות מספר דברים בחייך שחשבת שאינך מסוגל להם. ראשית, בצע משימות פשוטות. ככל שביטחונך מתחזק וכוח רצונך הופך ליותר דינמי, כוון להישגים קשים יותר. וודא שבחרת נכון ואז סרב להיכנע לכישלון. בכל פעם תשקיע את כל כוח הרצון שלך להשגת דבר אחד; אל תפזר את האנרגיה שלך ואל תשאיר דבר חצי גמור בזמן שאתה מתחיל פרויקט חדש.

אתה יכול לשלוט בגורלך

המוח הוא הבורא של הכול. לכן כוון אותו לברוא רק טוב. אם תאחז במחשבה מסוימת עם כוח רצון דינמי היא תקבל צורה חיצונית מוחשית. כאשר תוכל להשתמש ברצונך תמיד למטרות בונות, תהפוך לשולט בגורלך.

ציינתי הרגע שלוש דרכים חשובות להפיכת הרצון לדינמי: (1) בחר משימה פשוטה או הישג שלעולם לא הגשמת והחלט להצליח; (2) וודא שבחרת משהו מועיל ואפשרי וסרב לקבל כישלון; (3) התרכז במטרה אחת והשתמש בכל היכולות והאפשרויות לקדם אותה.

אך תמיד עליך להיות בטוח, בתוך האזורים השלווים בפנימיות שלך, שמה שאתה רוצה נכון שתקבל ושזה בא בקנה אחד עם מטרות האל. אז תוכל להשתמש בכל כוח הרצון שלך להשיג את הדבר; אך שמור על מוחך מרוכז במחשבה על אלוהים - מקור כל הכוחות וההישגים.

פחד מרוקן את אנרגית החיים

מוח האדם הוא מחסן של אנרגיית חיים. האנרגיה הזו מופעלת תמידית בתנועות שרירים; בתפקוד הלב, הריאות והסרעפת; במטבוליזם תאי ובכימיזציה של הדם; ובתפקוד המערכת המוטורית והחושית (העצבים). מעבר לכך, כמות עצומה של אנרגית חיים נדרשת בכל תהליכי החשיבה, הרגשות והרצון.

פחד מרוקן את אנרגיית החיים; הוא אחד האויבים הגדולים ביותר של כוח הרצון הדינמי. פחד גורם לכוח החיים, שזורם באופן קבוע דרך העצבים, להיסחט החוצה ולעצבים עצמם להיות כמשותקים; הוויטליות של כל הגוף נחלשת. פחד לא עוזר לך להתרחק מהדבר שממנו אתה מפחד; הוא רק מחליש את כוח הרצון שלך. פחד גורם למוח לשלוח מסרים מרתיעים לכל האיברים בגוף. הוא מגביל את הלב, עוצר את מערכת העיכול וגורם להפרעות

גופניות רבות אחרות. כאשר התודעה מוחזקת על אלוהים, לא יהיו לך פחדים; אז תגבור על כל מכשול באומץ ואמונה.

"משאלה" היא רצון ללא אנרגיה. לאחר משאלה עשויה לבוא "כוונה" - התוכנית לעשות משהו, להגשים משאלה או רצון. אבל "רצון" משמעו: "אני פועל עד שאקבל את רצוני." כאשר אתה מפעיל את כוח הרצון שלך אתה משחרר את כוח אנרגיית החיים - לא כאשר אתה מביע פסיבית משאלה להשגת דבר כלשהו.

כישלונות אמורים לעורר החלטיות

אפילו כישלונות צריכים לשמש כממריצים לכוח הרצון שלך ולהתפתחות החומרית והרוחנית שלך. כאשר אתה נכשל בפרויקט מסוים, מומלץ לנתח את כל ההיבטים בסיטואציה כדי לנטרל כל אפשרות של חזרה על אותן שגיאות בעתיד.

עונת הכישלון היא הזמן היעיל ביותר לשתילת זרעי ההצלחה. מכות החיים עלולות לפצוע אותך, אך שמור על ראשך מורם. תמיד נסה פעם נוספת, ללא התחשבות במספר הפעמים בהן נכשלת. הילחם גם כאשר הינך מרגיש שאינך יכול להילחם יותר, גם כאשר אתה מאמין שכבר עשית את הכי טוב שלך, עד שניסיונותיך יוכתרו כהצלחה. סיפור קצר ימחיש נקודה זו.

א וב נלחמו זה בזה. לאחר זמן ממושך א אמר לעצמו: "אני לא יכול להמשיך יותר." ב לעומת זאת אמר לעצמו: "רק עוד מכה אחת," והוא שלח את אגרופו ומטה נפל א. כך אתה חייב לנהוג: תן מכה אחרונה. השתמש בכוח הרצון הבלתי מנוצח להתגבר על

כל הקשיים שהחיים מציבים.

ניסיונות חדשים, לאחר כישלון, מובילים להתפתחות אמיתית. הם צריכים להיות מתוכננים היטב ומוטענים בריכוז עז וכוח רצון נמרץ.

נניח שנכשלת עד כה. טעות להרים ידים ולהיכנע לכישלון כצו "הגורל". עדיף למות במאבק מאשר לוותר כאשר קיימת עדיין אפשרות להגשמת דבר נוסף: כי גם כאשר המוות יגיע מאבקיך יתחדשו עם כניסתך לחיים חדשים. הצלחה או כישלון הם תוצאה מוצדקת של מעשיך בעבר ובהווה. לכן עליך לעורר את כל מחשבות ההצלחה מחיים קודמים עד שהן יתחדשו ויצליחו לנטרל את ההשפעה של כל נטיות והרגלי הכישלון בחיים הנוכחים.

לאדם המצליח היו אולי קשיים רציניים יותר מאשר למי שנכשל, אבל הראשון מאמן את עצמו לדחות לחלוטין מחשבות של כישלון. הסב את תשומת הלב שלך מכישלון להצלחה, מדאגה לרוגע, מפיזור הדעת לריכוז, מחוסר שקט לשלווה ומשלווה לאושר העילאי בתוכך. כאשר תשיג מצב זה של הכרה עצמית מטרת חייך תתגשם באופן מרהיב.

הצורך בהתבוננות עצמית

———

מדד נוסף להתפתחות הוא התבוננות עצמית. הסתכלות פנימית היא מראה שבה ניתן לראות את נבכי מוחך שלרוב היו נשארים מוחבאים. נתח את כישלונותיך ומיין את נטיותיך החיוביות והשליליות. בחן מי אתה, מי אתה רוצה להיות, ומה הן המגבלות

שמונעות ממך להיות מי שאתה רוצה להיות. קבע את טבע מטרתך
האמיתית – הייעוד שלך בחיים. שאף להיות מה שאתה אמור להיות
ומה שאתה רוצה להיות. ככל שתשמור את מוחך על אלוהים ותכוונן
רצונך לרצונו, תתקדם יותר ויותר בבטחה בדרכך.

מטרתך העילאית היא למצוא את דרכך חזרה לאלוהים, אך יש
לך גם תפקיד לבצע בעולם החיצוני. כוח רצון, יחד עם יוזמה, יעזרו
לך להכיר ולמלא את תפקידך.

הכוח היצירתי של היוזמה

מה היא יוזמה? פן יצירתי בתוכך, ניצוץ מהבורא האינסופי.
היוזמה מספקת את הכוח ליצור משהו שאף אדם עוד לא יצר,
ומעודדת לעשות דברים בדרכים חדשות. הישגיו של אדם בעל
יוזמה יכולים להיות מרהיבים כמטאור. ביצירת, למראית עין, משהו
משום דבר, אדם בעל יוזמה מוכיח שמה שנראה כבלתי אפשרי אכן
אפשרי, על ידי שימוש בכוח היוזמה הנשגב של הנשמה.

היוזמה מאפשרת לך לעמוד על רגליך, חופשי ועצמאי. היא
אחת מאמות המידה להצלחה.

ראה את דמות האל בכל בני האדם

אנשים רבים שופטים אחרים בחומרה בזמן שעל חסרונותיהם
הם סולחים בקלות. עלינו להפוך גישה זאת על יוצרה; לסלוח על

חסרונות אחרים בקלות ולחילופין לבחון עצמנו בקפידות.

לפעמים נכון והכרחי לנתח אחרים; בזמנים אלו חשוב לזכור לשמור על מוחך נקי מדעות קדומות. מוח לא משוחד הוא כמראה צלולה, יציב ולא מתנדנד כתוצאה משיפוט פזיז. דמותו של כל אדם שתתגלם באותה מראה תופיעה בצורה לא מעוותת.

למד לראות את אלוהים בכל אדם מכל גזע או אמונה. תדע מה היא אהבה אלוהית ביום שתחווה את אחדותך עם כל אדם, לא קודם לכן. במתן עזרה הדדית אנו שוכחים את האני הקטן ומקבלים הצצה לאחד הבלתי ניתן למדידה, הרוח האלוהית המאחדת את האנושות כולה.

הרגלי מחשבה שולטים בחיי האדם

הרגלים מזרזים או מעכבים הצלחה.

הרגלים מנטליים יום יומיים הם השולטים העיקרים על חייך ולא השראות חולפות או רעיונות מבריקים. הרגלי מחשבה הם מגנטים מנטליים שמושכים אליך דברים, אנשים ומצבים שונים. הרגלי מחשבה חיוביים מאפשרים לך למשוך אליך יתרונות ואפשרויות. הרגלי מחשבה שליליים מושכים אותך לאנשים חומריים ולסביבה לא רצויה.

החלש הרגל שלילי על ידי הימנעות מכל דבר שיצר אותו מלכתחילה או אשר מפעיל אותו, מבלי להתרכז בו בניסיונך העז להימנע ממנו. לאחר מכן הפנה את תשומת ליבך להרגל חיובי אחר וחזק אותו באופן שיטתי עד שיהפוך לחלק בלתי נפרד ממך.

לעולם ישנם בתוכנו שני כוחות הנלחמים זה בזה. כוח אחד אומר לנו לעשות את הדברים שאנו לא אמורים לעשות, והשני דוחק בנו לעשות את הדברים שאנו כן אמורים לעשות, אלו שנראים קשים יותר לעשייה. קול אחד הוא של הרע והשני של הטוב, או אלוהים.

דרך שיעורים יום יומיים קשים ניתן לפעמים לראות בבהירות שהרגלים שליליים מזינים את עץ המשאלות החומריות האינסופיות, בעוד שהרגלים חיוביים מזינים את עץ השאיפות הרוחניות. רכז את מאמציך להצלחת טיפוח עץ הרוחניות, עד שיבוא היום שבו תוכל ללקט את הפירות הבשלים של הכרה עצמית.

אם הצלחת לשחרר עצמך מהרגלים רעים, ואתה בוחר לעשות טוב מכיוון שאתה באמת ובתמים רוצה לעשות טוב ולא מתוך הידיעה שהרוע מוביל לסבל, אז אתה באמת מתקדם רוחנית.

רק כאשר תשליך את הרגליך השלילים תהיה אדם חופשי באמת. כל עוד אינך מאסטר אמיתי היכול לצוות עצמו לעשות את הדברים שאמורים לעשותם גם אם לא חפצים לעשותם, אינך נשמה חופשיה. בכוח השליטה העצמית טמון הזרע לחופש נצחי.

הזכרתי מספר תכונות המובילות להצלחה - חשיבה חיובית, רצון נמרץ, התבוננות עצמית, יוזמה ושליטה עצמית. ספרים רבים מדגישים אחת או יותר מתכונות אלו, אבל לא נותנים הכרה לכוח האלוהי הנסתר. התכווננות עם הרצון האלוהי היא הגורם המכריע במשיכת הצלחה אליך.

רצון אלוהי הוא הכוח שמניע את היקום וכל שבתוכו. רצון האלוהים הוא זה שהשליך את הכוכבים לחלל. הרצון שלו שומר על הכוכבים מלנוע מחוץ לאורביט שלהם ומנהל את מעגלי הלידה, גדילה ומוות בכל צורות החיים השונות.

כוח הרצון האלוהי

לרצון אלוהי אין גבולות; הוא פועל דרך חוקים ידועים ונסתרים, טבעיים, ולמראית עין, גם מופלאים. הוא יכול לשנות את מהלך הגורל, להעיר את המתים, להפיל הרים לים וליצור גלקסיות חדשות.

אדם, כצלם אלוהים, טומן בתוכו את כוח הרצון הזה המשיג–כל. המחויבות העילאית של האדם היא לגלות, דרך מדיטציה* נכונה, כיצד להיות בהרמוניה עם הרצון האלוהי.

כאשר מונחה ע"י שגגה, כוח הרצון האנושי מטעה אותנו; אך כאשר הוא מונחה ע"י חכמה, כוח הרצון האנושי מכוונן לכוח הרצון האלוהי. תוכניתו של אלוהים עבורנו נעשית לעיתים מעורפלת על ידי הקונפליקטים של חיי אדם ולכן אנו מאבדים את ההדרכה הפנימית שתציל אותנו מתהומות הסבל.

ישו אמר: "רצונך יעשה." כאשר אדם מכוונן רצונו לרצון האלוהים, המונע מחוכמה, הוא משתמש ברצון האלוהי. דרך שימוש בטכניקות מדיטציה נכונות, שפותחו בעבר על ידי חכמים הודים, כל אדם באשר הוא יכול להשיג הרמוניה מושלמת עם רצון האבא שבשמיים.

---

* מדיטציה היא צורת ריכוז מיוחדת בה תשומת הלב, דרך שיטות יוגה מדעיות, משתחררת מחוסר מנוח של הגוף והתודעה, ומרוכזת כולה באלוהים. The Self-Realization Fellowship Lessons נותנים הסברים מפורטים במדע המדיטציה (הערת המוציא לאור)

מאוקיינוס השפע

כפי שכל הכוחות נובעים מכוח האלוהים, כך כל המתנות הרוחניות והחומריות זורמות מהשפע האינסופי שלו. כדי לקבל את מתנותיו עליך לטהר את מוחך ממחשבות על מגבלות ועוני. מוח אוניברסלי הוא מוח מושלם שאינו מכיר בחסרון; כדי להגיע לאספקה הבלתי נדלית הזאת עליך לשמר תודעה של שפע. גם כשאינך יודע מהיכן יגיע הדולר הבא, עליך לסרב ליפול לחשש. בעודך עושה את תפקידך וסומך על אלוהים שיעשה את תפקידו, תגלה שכוחות מסתוריים פועלים לטובתך ושרצונותיך החיוביים מתגשמים. ביטחון כזה ותודעה של שפע מושגים דרך מדיטציה.

אלוהים הוא מקור כל הכוחות המנטליים, השלווה והשגשוג ולכן, אל תפעיל ראשית את הרצון ועשה פעולות להגמשתו, אלא קודם, צור קשר עם אלוהים. כך תוכל לתגבר את רצונך ומעשיך להשגת התוצאות הנעלות ביותר. כשם שאי אפשר לשדר דרך מיקרופון שבור, כך אינך יכול לשלוח תפילותיך דרך מיקרופון מנטלי רועש. באמצעות שלווה עמוקה תקן את המיקרופון המנטלי והגבר את יכולת הקליטה של האינטואיציה שלך. כך תוכל לשדר לו בצורה יעילה ולקבל את תשובותיו.

דרך המדיטציה

לאחר שהרדיו המנטלי תוקן ואתה מכוונן ברוגע לרטט הבונה,

כיצד תוכל להשתמש בו כדי להגיע לאלוהים? שיטת מדיטציה נכונה היא הדרך.

דרך כוח הריכוז והמדיטציה תוכל לכוון את הכוח הבלתי נלאה של מוחך להגשמת כל שאיפה ולהימנע מכישלון. אנשים מצליחים משקיעים זמן רב בריכוז עמוק. הם מסוגלים לצלול עמוקות לתוך מוחם ולאתר את פניני הפתרונות הנכונים לבעיות הניצבות מולם. אם תלמד למשוך את תשומת הלב מכל הסחות הדעת ולמקד אותה בנושא אחד, גם אתה תלמד למשוך אליך כל שתחפוץ.

לפני כל משימה חשובה, שב בשקט, תרגיע את חושיך ומחשבותיך ומדט עמוקות. כך תוכל להיות מודרך על ידי הכוח היצירתי העצום של הרוח האלוהית. לאחר מכן מקסם את כל האמצעים ההכרחיים החומריים למען השגת מטרתך.

הדברים שלהם אתה זקוק בחיים הם אלו שיעזרו לך להגשים את תכליתך העיקרי. דברים שאתה חפץ בהם אבל לא זקוק להם עלולים להסיט אותך מייעודך. הצלחה מושגת רק כאשר כל הדברים פועלים למען מטרתך העיקרית.

הצלחה נמדדת באושר

שקול האם הגשמת המטרה שבחרת תהווה הצלחה. מהי הצלחה? אם יש לך בריאות ועושר, אבל סובל מקשיים עם כולם (כולל עם עצמך) חייך אינם חיים מוצלחים. קיומך הוא חסר תכלית אם אינך מוצא את האושר. כשעושר אבד אבדת מעט; כשבריאות אבדה אבדת משהו בעל ערך גבוה יותר; אבל כששלוה אבדה, אבדת

את האוצר הגדול מכל.

לכן הצלחה צריכה להימדד לפי קנה מדידת האושר; ביכולת שלך להישאר בהרמוניה שלוה עם חוקי היקום. טעות למדוד הצלחה לפי סטנדרטים של עושר, יוקרה וכוח. אף אחד מאלו לא גורם לאושר אלא אם משתמשים בהם כיאות. כדי להשתמש בהם נכון, צריך להיות בעל חוכמה ואהבה לאלוהים ולאדם כאחד.

אלוהים לא מתגמל או מעניש אותך. הוא העניק לך את הכוח לתגמל או להעניש את עצמך על ידי שימוש נכון או שגוי בדעת ובכוח הרצון. אם אתה מפר את חוקי הבריאות, שגשוג ותבונה אתה חייב מכוח ההכרח לסבול ממחלה, עוני או בורות. למרות זאת, עליך לחזק את כוח מוחך ולסרב לסחוב את עול החולשות המנטליות והערכיות שרחשת במרוצת השנים; שרוף אותן בשרפת ההחלטות האלוהיות העכשוויות ובמעשים טובים. בגישה בונה זו תצא לחופשי.

אושר תלוי במידת מה בתנאים חיצוניים, אך בעיקר בגישה מנטלית. כדי להיות מאושר צריך בריאות, ראש מאוזן, שגשוג בחיים, עבודה נכונה, לב מכיר תודה, ומעל הכל, חוכמה וידע על אלוהים.

נחישות עיקשת להיות מאושר תעזור. אל תחכה שישתנו תנאי חייך, בעודך חושב חשיבה מוטעית שהבעיה היא בהם. אל תהפוך אומללות להרגל כרוני, ובכך תייסר את עצמך ושותפיך. ברכה גדולה היא לך ולאחרים אם תהיה מאושר. אם יש לך אושר יש לך הכל; להיות מאושר זה להיות מכוונן לאלוהים. הכוח להיות מאושר בא ממדיטציה.

גייס את כוח אלוהים למאמציך

שחרר למטרות בונות את הכוח שכבר קיים ברשותך, ועוד יתווסף. צעד בדרכך בנחישות תקיפה, והשתמש בכל תכונות ההצלחה. כוונן עצמך עם הכוח היצירתי של הרוח האלוהית וכך תהיה בקשר עם החוכמה האינסופית שיכולה להדריך אותך ולפתור את כל הבעיות. כוח מהמקור הדינמי של מהותך יזרום ללא הפרעה ותוכל לבצע ביצירתיות כל תחום עשייה.

שב בשקט לפני שתחליט על דברים חשובים, ובקש מהאב את ברכתו. אז מאחורי כוחך ניצב כוח אלוהים; מאחורי מוחך, מוחו; מאחורי רצונך, רצונו. כשאלוהים עובד יחד איתך, אינך יכול להיכשל; כל יכולת ברשותך תתחזק. כאשר אתה עושה את עבודתך מתוך מחשבה לשרת את אלוהים, אתה מקבל את ברכותיו.

אם עבודתך בחיים צנועה, אל תתנצל עליה. היה גאה כי אתה ממלא את החובה שהאב נתן לך. הוא זקוק לך במקום הספציפי שלך; כל האנשים לא יכולים לשחק אותו תפקיד. כל עוד אתה עובד כדי לרצות את אלוהים, כל כוחות היקום יסייעו לך בצורה הרמונית.

כאשר תשכנע את אלוהים שאתה רוצה אותו מעל הכל תהיה מכוונן לרצונו. כאשר אתה ממשיך לחפש אותו לא משנה אילו מכשולים מתעוררים כדי לקחת אותך ממנו, אתה משתמש ברצון האנושי שלך בצורה היעילה ביותר. כך תפעיל את חוק ההצלחה שהיה ידוע לחכמים הקדומים ושכל האנשים שהשיגו הצלחה אמיתית מכירים בו. הכוח האלוהי הוא שלך אם תעשה מאמץ נחוש להשתמש בו כדי להשיג בריאות, אושר ושלוה. בהכללת יעדים אלו תצעד בדרך להכרה עצמית, לביתך האמיתי, לאלוהים.

הצהרה חיובית (אפירמציה)

אבא שבשמים, אני אחשוב, אני ארצה ואני אפעל; אבל הדרך אתה את הבינה, הרצון והעשייה שלי לדבר הנכון שעלי לעשות.

אודות המחבר

פרמאהנסה יוגאננדה (1893-1952) נחשב על ידי רבים כאחת הדמויות הרוחניות הדגולות של זמננו. הוא נולד בצפון הודו והגיע לארצות הברית ב1920. במשך שלושה עשורים הוא תרם בצורה נרחבת להכרת והערכת המערב בחוכמה הנצחית של המזרח - דרך כתביו, הרצאותיו הרבות והקמת בתי תפילה ומרכזי מדיטציה רבים של Self-Realization Fellowhsip. ספרו על חייו, אוטוביוגרפיה של יוגי, שזכה לשבחים רבים, ספריו הרבים הנוספים וסדרת השיעורים הנרחבת שלו ללימוד ביתי, הביאו את המדע העתיק של הודו על מדיטציה ושיטות להגשמת איזון בריא בגוף, במוח ובנשמה למיליוני אנשים. היום העבודה הרוחנית וההומניטרית שהחלה על ידי פרמאהנסה יוגאננדה ממשיכה תחת הדרכתו של אח צ׳ידנאנדה, נשיא Self-Realization Fellowship ו YSS של הודו.

סרט דוקומנטרי זוכה פרסים על חייו ומפעל חייו של פרמאהנסה יוגאננדה, Awake: The Life of Yogananda יצא למסכים באוקטובר 2014.

ספרים בעברית
מאת
פרמאהנסה יוגאננדה

ניתנים לרכישה ב www.srfbooks.org
ובחנויות ספרים מקוונות נוספות

אוטוביוגרפיה של יוגי
חוק ההצלחה

מדיטציות מטאפיזיות

מדע הדת

אמרות מאת פרמאהנסה יוגאננדה

ספרים באנגלית
מאת
פרמאהנסה יוגאננדה

Autobiography of a Yogi

God Talks With Arjuna: The Bhagavad Gita
- A New Translation and Commentary

The Second Coming of Christ:
The Resurrection of the Christ Within You
- A Revelatory Commentary on the Original Teachings of Jesus

The Yoga of the Bhagavad Gita

The Yoga of Jesus

The Collected Talks and Essays

Volume I: **Man's Eternal Quest**

Volume II: **The Divine Romance**

Volume III: **Journey to Self-realization**

Wine of the Mystic: The *Rubaiyat* of Omar Khayyam
- A Spiritual Interpretation

Songs of the Soul

Whispers from Eternity

Scientific Healing Affirmations

In the Sanctuary of the Soul
A Guide to Effective Prayer

The Science of Religion

Metaphysical Meditations

Where There Is Light
–Insight and Inspiration for Meeting Life's Challenge

Sayings of Paramahansa Yogananda

Inner Peace:
How to Be Calmly Active and Actively Calm

Living Fearlessly
–Bringing Out Your Inner Soul Strength

The Law of Success

How You Can Talk With God

Why God Permits Evil and How to Rise Above It

To Be Victorious in Life

Cosmic Chants

20

הקלטות של
פרמאהנסה יוגאננדה

Beholding the One in All

The Great Light of God

Songs of My Heart

To Make Heaven on Earth

Removing All Sorrow and Suffering

Follow the Path of Christ, Krishna, and the Masters

Awake in the Cosmic Dream

Be a Smile Millionaire

One Life Versus Reincarnation

In the Glory of the Spirit

Self-Realization: The Inner and the Outer Path

פרסומים אחרים מאת
Self-Realization Fellowship

The Holy Science
– Swami Sri Yukteswar

Only Love:
Living the Spiritual Life in a Changing World
– Sri Daya Mata

Finding the Joy Within You:
Personal Counsel for God-Centered Living
– Sri Daya Mata

Intuition:
Soul Guidance for Life's Decision
– Sri Daya Mata

God Alone:
The Life and Letters of a Saint
– Sri Gyanamata

"Mejda":
The Family and the Early Life of Paramahansa Yogananda
– Sananda Lal Ghosh

Self-Realization
(A magazine founded by Paramahansa Yogananda in 1925)

22

וידיאו DVD

Awake: The Life of Yogananda
A film by CounterPoint Films

קטלוג שלם של ספרים וקלטות אודיו/וידיאו – כולל קלטות
ארכיון של פרמאהנסה יוגאננדה– זמין
ב www.srfbooks.org

שיעורי
Self-Realization Fellowship

טכניקות המדיטציה המדעיות שפרמאהנסה יוגאננדה לימד,
כולל קריה יוגה – והדרכתו על כל ההיבטים של חיים רוחניים
מאוזניים – מופיעים בשיעורי Self-Realization Fellowship.
ניתן לקבל בחינם חוברת הסברה מקיפה על השיעורים על ידי
הגשת בקשה ב– www.srflessons.org

מטרות ואידאלים של
Self-Realization Fellowship

———

כפי שנקבעו על ידי פרמאהנסה יוגאננדה, מייסד
אח צ'ידנאנדה, נשיא

ליידע את האומות בטכניקות המדעיות המדויקות להשגת
חוויה אישית ישירה של האל.

ללמד שמטרת החיים הינה לקדם, דרך מאמץ אישי, את
מודעותו המוגבלת של בן התמותה למודעות אלוהית, להקים לשם
כך מקדשי SRF לאיחוד עם האל ברחבי העולם, ולעודד הקמת
מקדשים פרטיים בבתי בני האדם ובלבבם.

לחשוף את האחדות וההרמוניה המוחלטת השוררות בין
הנצרות המקורית כפי שהורה אותה ישו המשיח ליוגה המקורית
שהורה בהגוואן קרישנה, ולהראות שאמיתות אלו עומדות בבסיסן
המדעי של כל האמונות כולן.

להורות את דרך המלך השמיימית אליה מוליכים בסופו של
דבר נתיבי כל אמונות האמת: דרך המלך של המדיטציה היומיומית,
המדעית והדבקה באל.

לשחרר את האדם מסבלו המשולש: מחלות הגוף, תלאובות
הנפש והבורות הרוחנית.

לעודד "חיים פשוטים וחשיבה נעלה" ולהפיץ אחווה בין בני
האדם דרך לימוד הבסיס הנצחי של אחדותם: אחווה עם האל.
להוכיח את עליונות המוח על הגוף, והנשמה על המוח.

לגבור על הרע בעזרת טוב, על הצער בשמחה, על אכזריות בנדיבות, על בורות בחוכמה.

לאחד בין המדע לדת דרך הכרת האחדות המשותפת לעקרונותיהם.

לעודד שיתוף פעולה תרבותי ורוחני בין מזרח למערב, וחילופי מאפיינים חיוביים.

לשרת את האנושות כביטוי מורחב של האני.